este es nuestro libro:

XOX

(dibujad vuestro retrato
o escribid vuestros nombres)

Tú, yo, nuestro libro para rellenar

Traducción de
Laura Rins Calahorra

Lisa Currie

PLAZA JANÉS

Penguin
Random House
Grupo Editorial

Título original: ME, YOU, US
Primera edición: junio de 2023

Printed in Spain - Impreso en España

ISBN: 978-84-01-03172-4
Depósito legal: B-7853-2023

Impreso en Artes Gráficas Huertas, S. A.
Fuenlabrada (Madrid)

L 0 3 1 7 2 4

dedicado a mis encantadoras y divertidísimas amistades con quienes deseo empezar a llenar estas páginas muy pronto.

xox

Bienvenido a Tú, yo, nuestro libro
para rellenar

Sí. ¡Es para compartirlo! Este es un espacio de creatividad
para ti y para quien tú elijas.

- ¡Escribíos los típicos mensajes de las galletas de la suerte!
- ¡Decidid cuál es vuestra canción perfecta!
- ¡Dibujad vuestros autorretratos!
- ¡Organizad una lluvia de ideas para vuestro tatuaje a juego!

Completa cada página con una persona distinta, o llena el libro entero junto a una
especial. Invita a que tus colegas, tu pareja, tu hermano o hermana, la familia al
completo o las personas con las que vas a clase se unan a ti.
Y ¿sabes qué es lo mejor? A medida que avances en la creación del libro, TÚ, YO,
NUESTRO LIBRO se convertirá en una increíble cápsula del tiempo para recordar
momentos y guardarlos con cariño en la memoria.✱

Así pues, ¿con quién vas a compartir este libro?

Elige a una persona (o dos) y... ¡disfrutad del momento «tú&yo»!

xox lisa

P. D.: en la página siguiente encontrarás más opciones para estrenarte.

✱ Idea: cuando hayas completado todas y cada una de las páginas junto a quien tú elijas,
envuelve el libro con papel de regalo y un lazo (como si fuera un regalo de cumpleaños) y
pega una etiqueta que diga: NO MIRAR HASTA DENTRO DE UN AÑO. Después, escóndelo
en el fondo del armario o debajo de la cama. ¡misión cumplida! Cuando hayan pasado doce
meses (o siempre que necesites una dosis de alegría), solo tienes que desenvolver la cápsula
del tiempo y... ¡disfrutar de los dulces recuerdos!

lista de materiales

De entrada, un bolígrafo normal está bien. Pero ¿por qué no añadir un poco más de diversión? Hazte con unos cuantos lápices de colores y rotuladores gruesos. Busca la caja de bolis con purpurina que compraste aquella vez. Anima a los demás a que compartan sus materiales favoritos. Incluso podéis recopilar revistas y fotografías para recortarlas y decorar con ellas las páginas del libro.

¡También os vendrán muy bien una tetera y dos tazas!

cómo empezar

En este libro no existen reglas, y desde luego no hay ninguna respuesta que pueda considerarse incorrecta. Abridlo por una página al azar y utilizad las frases para inspiraros y anotar lo primero que se os pase por la cabeza, ya sea una idea tonta o un recuerdo agradable. Comentad lo que surja o bien escribid en silencio, codo con codo. A veces los silencios cómodos son lo mejor, ¿no crees?

Al inicio de cada página hay un espacio (Yo: Tú: Tú&Yo:) donde incluir vuestros nombres. Utiliza el apartado «Tú&Yo» para explicar cómo os conocisteis o idead un apodo que os defina, como por ejemplo «la extraña pareja», «ninjas de la pista» o «el club de la tarta de queso». Exacto. Has captado la idea.

¿ mesa para dos?

Cada página de este libro está diseñada para que dos personas la completen juntas, o sea tú y alguien más: cuatro manos, dos cerebros, un libro. Tal vez nunca hayas colaborado con alguien, o puede que sí lo hayas hecho. Simplemente, relájate y pásalo bien. Hablad. Escuchaos. Y que no os dé vergüenza terminar el dibujo o la frase de la otra persona. ¡Esa es la parte más divertida!

UN CONSEJO EXTRA: si quieres una dosis extra de creatividad, pega un sobre sin cerrar a la parte interior de la portada del libro. Es el sitio perfecto para guardar pequeños recuerdos comunes, como mensajes cariñosos y fotos de fotomatón.

algunas sugerencias

- <u>Si sois mejores amigos</u>: lleva el libro en el bolso y rellena una página cada vez que os veáis. Imagínate lo rápido que lo completaréis.

- <u>Si sois familia</u>: lleva el libro a la próxima reunión familiar y pide a cada persona que te ayude a rellenar una página. Os quedará un recuerdo único (¡y seguramente os partiréis de risa!).

- <u>Si os acabáis de casar</u>: guarda el libro en la mesilla de noche y crea un agradable ritual a la hora de dormir para tener un recuerdo de vuestro primer año.

- <u>Si os encanta viajar</u>: ¡mete el libro en la mochila! Utilízalo a modo de diario para recordar amistades nuevas o para matar el tiempo durante tu próximo viaje por carretera.

- <u>Si vais a la misma clase</u>: pide a cada persona que rellene una página contigo. ¡Luego podéis poner notitas en la portada!

TODAS MIS PERSONAS FAVORITAS

Puedes compartir el libro con una única persona especial, por supuesto. Pero si lo que quieres es crear un recuerdo con todas tus favoritas, haz una lista con sus nombres y ve tachándolos a medida que avances.

Las personas con las que quiero un momento «NOSOTROS»:

☐ _____   ☐ _____

☐ _____   ☐ _____

☐ _____   ☐ _____

☐ _____   ☐ _____

Coge al primer miembro de tu equipo y... ¡al ataque!

la historia de cómo nos conocimos

Érase una vez...

YO: _____ CUÁNDO: _____

TÚ: _____ DÓNDE: _____

TÚ&YO: _____

5

Yo: _____ CUÁNDO: _____

Tú: _____ DÓNDE: _____

Tú&Yo: _____

si un genio nos concediera tres deseos

PRIMER
DESEO

SEGUNDO
DESEO

TERCER
DESEO

YO: _____   CUÁNDO: _____

TÚ: _____   DÓNDE: _____

TÚ&YO: _____

el nombre perfecto
para nuestro equipo

cómo repartimos el tiempo que compartimos

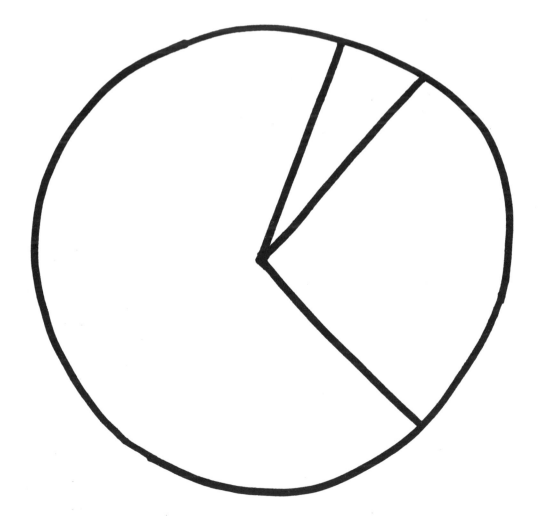

YO: _____   CUÁNDO: _____

TÚ: _____   DÓNDE: _____

TÚ&YO: _____

la mejor cena de celebración

lista de asistentes

- tú
- yo
-
-
-
-
-
-

Yo: _____ CUÁNDO: _____

Tú: _____ DÓNDE: _____

Tú&Yo: _____

pequeños detalles para tener con la otra persona

VALE POR...

_____

_____

PARA: _____ DE: _____

VALE POR...

_____

_____

PARA: _____ DE: _____

10

Yo: _____   CUÁNDO: _____

Tú: _____   DÓNDE: _____

Tú&Yo: _____

¡La última vez que nos EMOCIONAMOS DE VERDAD!

YO: _____   CUÁNDO: _____

TÚ: _____   DÓNDE: _____

TÚ&YO: _____

no lo habríamos conseguido sin la otra persona...

YO: _____ CUÁNDO: _____

TÚ: _____ DÓNDE: _____

TÚ&YO: _____

nuestra última charla por teléfono

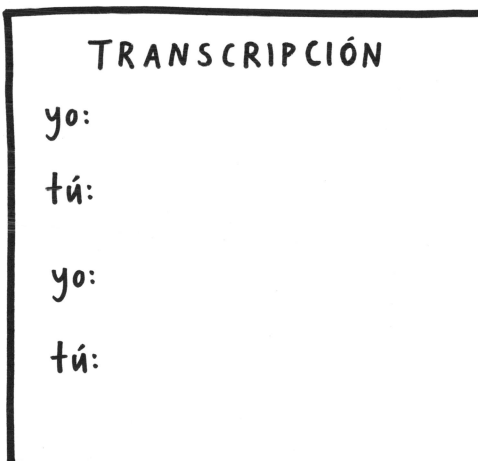

TRANSCRIPCIÓN

yo:

tú:

yo:

tú:

Yo: _____ CUÁNDO: _____

Tú: _____ DÓNDE: _____

Tú&Yo: _____

un poema sobre tú y yo

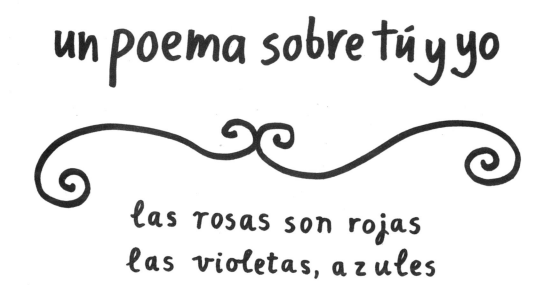

las rosas son rojas
las violetas, azules

Yo: _____ CUÁNDO: _____

Tú: _____ DÓNDE: _____

Tú&Yo: _____

la última vez que nos hicimos reír mutuamente

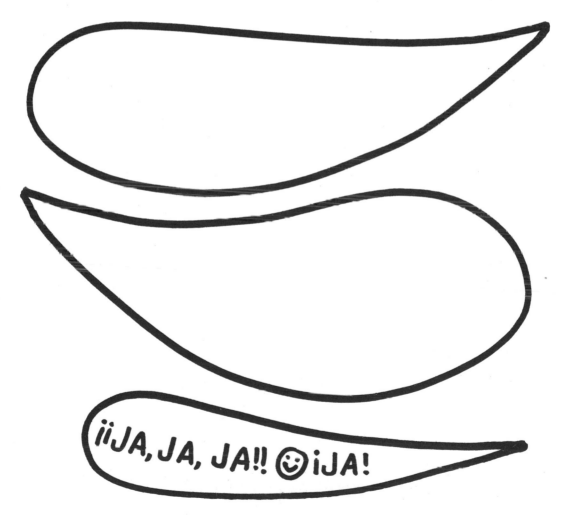

¡¡JA, JA, JA!! ☺ ¡JA!

Yo: _____   CUÁNDO: _____

Tú: _____   DÓNDE: _____

Tú&Yo: _____

#hashtags sobre
ti y sobre mi

\#

\#

\#

\#

* ¡cuanto más largos, mejor!

Yo: _____ CUÁNDO: _____

Tú: _____ DÓNDE: _____

Tú&Yo: _____

motivos por los que pasaríamos juntos toda una noche en vela

1.

2.

3.

Yo: _____ CUÁNDO: _____

Tú: _____ DÓNDE: _____

Tú&Yo: _____

la vez que nos divertimos
más pagando menos

TOTAL EN €

Yo: _____ CUÁNDO: _____

Tú: _____ DÓNDE: _____

Tú&Yo: _____

cosas que nos gustaría cambiar del mundo

1.

2.

3.

Yo: _____ CUÁNDO: _____

Tú: _____ DÓNDE: _____

Tú&Yo: _____

cómo te describiría
ante un desconocido

Yo: _____ CUÁNDO: _____

Tú: _____ DÓNDE: _____

Tú&Yo: _____

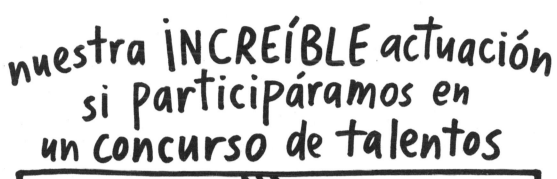

nuestra INCREÍBLE actuación
si participáramos en
un concurso de talentos

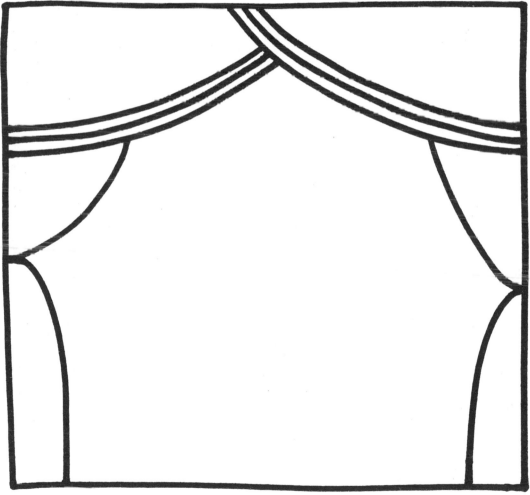

YO: _____ CUÁNDO: _____

TÚ: _____ DÓNDE: _____

TÚ&YO: _____

si compartiéramos dormitorio

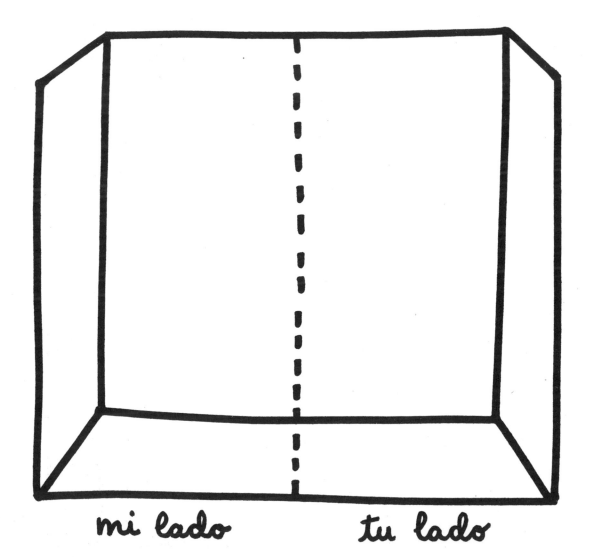

mi lado   tu lado

Yo: _____ CUÁNDO: _____

Tú: _____ DÓNDE: _____

Tú&Yo: _____

lo que debe de pensar la gente cuando nos ve

1.

2.

3.

cómo nos hemos ayudado a seguir el buen camino

YO: _____ CUÁNDO: _____

TÚ: _____ DÓNDE: _____

TÚ&YO: _____

25

YO: _____   CUÁNDO: _____

TÚ: _____   DÓNDE: _____

TÚ&YO: _____

las marcas que mejor nos definen

PATROCINADORES
NO OFICIALES

-
-
-

YO: _____ CUÁNDO: _____

TÚ: _____ DÓNDE: _____

TÚ&YO: _____

nuestros talentos insólitos

LOS TUYOS   LOS MÍOS

YO: _____   CUÁNDO: _____

TÚ: _____   DÓNDE: _____

TÚ&YO: _____

tu mejor truco en las fiestas

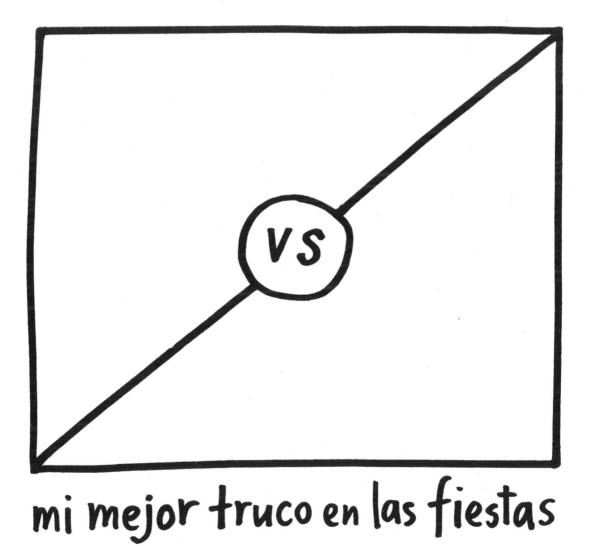

mi mejor truco en las fiestas

Yo: _____ CUÁNDO: _____

Tú: _____ DÓNDE: _____

Tú&Yo: _____

pequeños detalles que sabemos reconocer de la otra persona

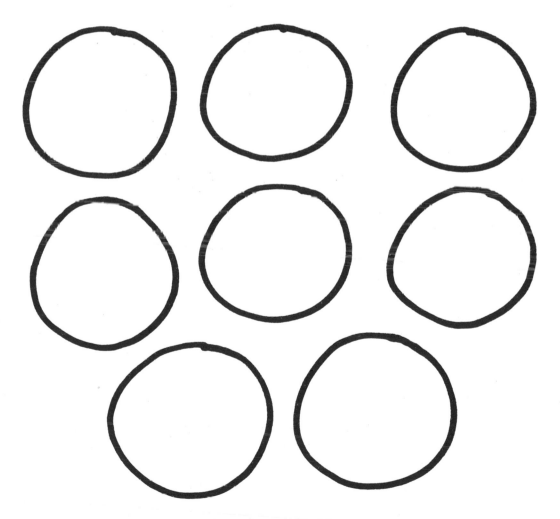

YO: _____   CUÁNDO: _____

TÚ: _____   DÓNDE: _____

Tú&Yo: _____

si diseñáramos un día festivo a nuestra medida

¡DÍA DE   !

cómo celebrarlo:

1.

2.

3.

Yo: _____   CUÁNDO: _____

Tú: _____   DÓNDE: _____

Tú&Yo: _____

nuestra conversación más guay*

* copiada de memoria

YO: _____ CUÁNDO: _____

TÚ: _____ DÓNDE: _____

Tú&Yo: _____

cosas que ocurren en nuestro mundo fantástico

1.

2.

3.

Yo: _____   CUÁNDO: _____

Tú: _____   DÓNDE: _____

Tú&Yo: _____

el manual de instrucciones
que necesitaríamos justo ahora

CÓMO...

YO: _____   CUÁNDO: _____

TÚ: _____   DÓNDE: _____

TÚ&YO: _____

los sitios en los que más nos hemos divertido

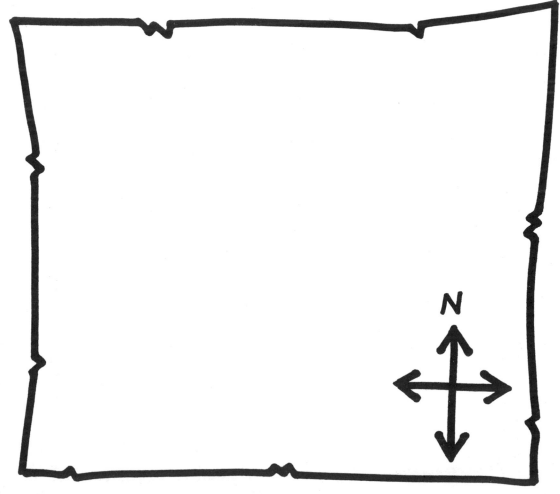

Yo: _____   CUÁNDO: _____

Tú: _____   DÓNDE: _____

Tú&Yo: _____

cosas nuestras que no queremos que cambien con la edad

eternamente
jóvenes

1.

2.

3.

YO: _____ CUÁNDO: _____

TÚ: _____ DÓNDE: _____

TÚ&YO: _____

cosas que hace poco que sabemos de la otra persona

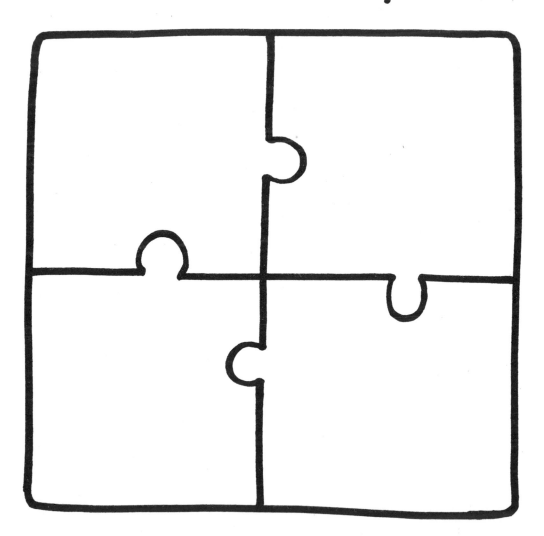

YO: _____ CUÁNDO: _____

TÚ: _____ DÓNDE: _____

TÚ&YO: _____

nuestro tema musical perfecto

las cosas que me recuerdan a ti

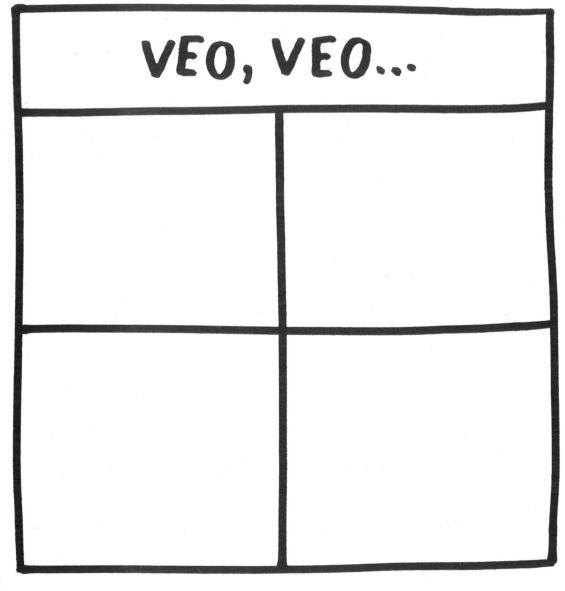

VEO, VEO...

YO: _____   CUÁNDO: _____

TÚ: _____   DÓNDE: _____

TÚ&YO: _____

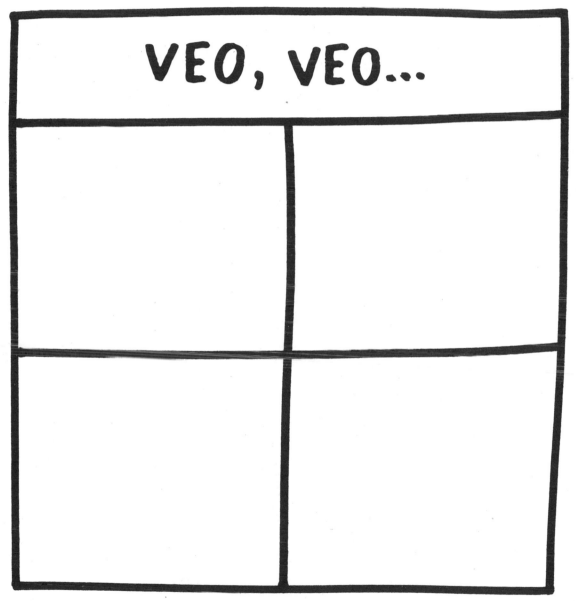

VEO, VEO...

YO: _____ CUÁNDO: _____

TÚ: _____ DÓNDE: _____

TÚ&YO: _____

detalles del día
que pasamos

sabor

olor

tacto

sonido

YO: _____ CUÁNDO: _____

TÚ: _____ DÓNDE: _____

TÚ&YO: _____

los personajes que aparentamos ser

YO: _____   CUÁNDO: _____

TÚ: _____   DÓNDE: _____

Tú&Yo: _____

nuestro ingrediente secreto

que hace que todo sea mejor

Yo: _____ CUÁNDO: _____

Tú: _____ DÓNDE: _____

Tú&Yo: _____

la última vez que fuimos cómplices de un delito

SE BUSCA

POR:

YO: _____   CUÁNDO: _____

TÚ: _____   DÓNDE: _____

TÚ&YO: _____

el mejor consejo que nos hemos dado

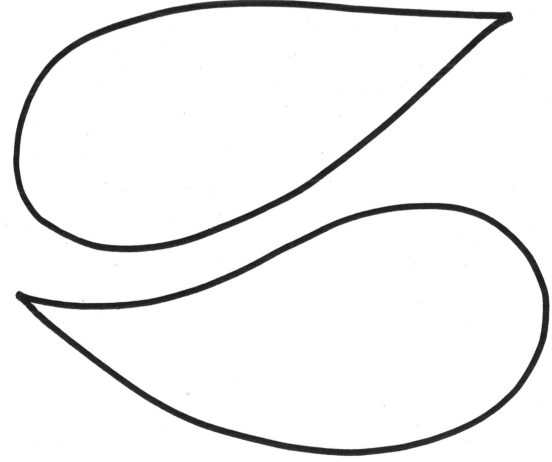

YO: _____   CUÁNDO: _____

TÚ: _____   DÓNDE: _____

TÚ&YO: _____

si nos abandonaran en una isla desierta...

NUESTROS IMPRESCINDIBLES

1.

2.

3.

Yo: _____ CUÁNDO: _____

Tú: _____ DÓNDE: _____

Tú&Yo: _____

nuestras
Preguntas Frecuentes

YO: _____   CUÁNDO: _____

TÚ: _____   DÓNDE: _____

TÚ&YO: _____

nuestro último
arranque de creatividad

nuestra obra maestra

Yo: _____   CUÁNDO: _____

Tú: _____   DÓNDE: _____

Tú&Yo: _____

los retos que nos hemos ayudado a superar

1.

2.

3.

¡NIVEL COMPLETADO!

YO: _____   CUÁNDO: _____

TÚ: _____   DÓNDE: _____

TÚ&YO: _____

cómo celebramos el fin de semana

49

las cosas que más nos gustan del otro

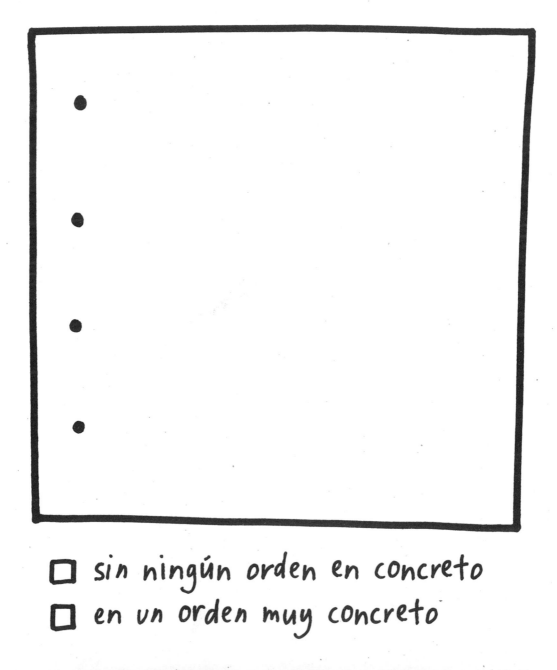

-
-
-
-

☐ sin ningún orden en concreto
☐ en un orden muy concreto

Yo: _____   CUÁNDO: _____

Tú: _____   DÓNDE: _____

Tú&Yo: _____

- •
- •
- •
- •

☐ sin ningún orden en concreto
☐ en un orden muy concreto

YO: _____   CUÁNDO: _____

TÚ: _____   DÓNDE: _____

Tú&Yo: _____

las promesas que nos hemos hecho

-
-
-
-

FIRMADO:

.... y ....

YO: _____   CUÁNDO: _____

TÚ: _____   DÓNDE: _____

TÚ&YO: _____

las cosas que compartimos

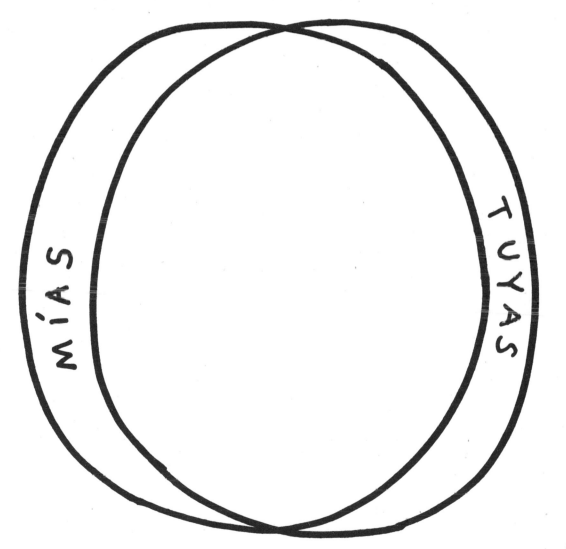

MÍAS

TUYAS

Yo: _____   CUÁNDO: _____

Tú: _____   DÓNDE: _____

Tú&Yo: _____

¡¡deseábamos que no terminara jamás!!

Yo: _____ CUÁNDO: _____

Tú: _____ DÓNDE: _____

Tú&Yo: _____

los miembros de nuestra tribu

YO: _____ CUÁNDO: _____

TÚ: _____ DÓNDE: _____

TÚ&YO: _____

tres cosas en las que estamos de acuerdo

YO: _____   CUÁNDO: _____

TÚ: _____   DÓNDE: _____

TÚ&YO: _____

nuestros disfraces de Halloween perfectos

el tuyo   el mío   57

YO: _____ CUÁNDO: _____

TÚ: _____ DÓNDE: _____

TÚ&YO: _____

lo que estaremos haciendo dentro de veinte años

☐ apuesta segura ☐ apuesta descabellada

Yo: _____   CUÁNDO: _____

Tú: _____   DÓNDE: _____

Tú&Yo: _____

ideas para nuestros tatuajes a juego

el tuyo

el mío

Yo: _____ CUÁNDO: _____

Tú: _____ DÓNDE: _____

Tú&Yo: _____

la última vez que celebramos una fiesta para dos

YO: _____ CUÁNDO: _____

TÚ: _____ DÓNDE: _____

TÚ&YO: _____

los deberes que nos ponemos mutuamente

mirar esto:

leer esto:

buscar esto:

YO: _____   CUÁNDO: _____

TÚ: _____   DÓNDE: _____

TÚ&YO: _____

cosas que queremos hacer antes de morir

☐

☐

☐

☐

YO: _____ CUÁNDO: _____

TÚ: _____ DÓNDE: _____

TÚ&YO: _____

si tuviéramos un perfil común en las redes

@

NUESTRA BIOGRAFÍA:

Yo: _____   CUÁNDO: _____

Tú: _____   DÓNDE: _____

Tú&Yo: _____

nuestro mejor momento en un día de sol

nuestro mejor momento en un día de lluvia

Yo: _____ CUÁNDO: _____

Tú: _____ DÓNDE: _____

Tú&Yo: _____

a esto no nos gana nadie

Yo: _____   CUÁNDO: _____

Tú: _____   DÓNDE: _____

Tú&Yo: _____

nuestro poder mágico

☐ guay   ☐ ¡guau!   ☐ ¡qué flipe! ☐ ¡¿qué?!

YO: _____   CUÁNDO: _____

TÚ: _____   DÓNDE: _____

TÚ&YO: _____

cómo hacemos deporte

OPCIÓN A	OPCIÓN B

Yo: _____ CUÁNDO: _____

Tú: _____ DÓNDE: _____

Tú&Yo: _____

instrucciones para ser tan geniales como lo somos

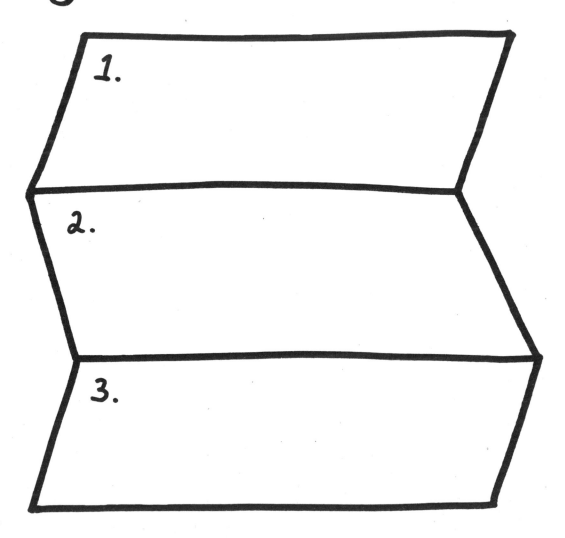

1.

2.

3.

YO: _____   CUÁNDO: _____

TÚ: _____   DÓNDE: _____

TÚ&YO: _____

la última vez que nos dio por pelearnos

1.º

2.º

Yo: _____ CUÁNDO: _____

Tú: _____ DÓNDE: _____

Tú&Yo: _____

cosas que estábamos impacientes por contarnos

BUENAS NOTICIAS

1.

2.

3.

YO: _____ CUÁNDO: _____

TÚ: _____ DÓNDE: _____

TÚ&YO: _____

NUESTRO ANUARIO ESCOLAR

TÚ

llegará a ser:

....

....

llegará a ser:

YO

....

....

71

Yo: _____   CUÁNDO: _____

Tú: _____   DÓNDE: _____

Tú&Yo: _____

un picoteo épico
a medianoche

YO: _____ CUÁNDO: _____

TÚ: _____ DÓNDE: _____

TÚ&YO: _____

los capítulos de nuestra historia...
¡hasta ahora!

I.

II.

III.

IV.

los mejores regalos que nos hemos hecho

DE:

PARA:

YO: _____   CUÁNDO: _____

TÚ: _____   DÓNDE: _____

TÚ&YO: _____

DE:

PARA:

Yo: _____   CUÁNDO: _____

Tú: _____   DÓNDE: _____

Tú&Yo: _____

nuestro día
PERFECTO

itinerario

8.00:

15.00:

22.00:

YO: _____   CUÁNDO: _____

TÚ: _____   DÓNDE: _____

TÚ&YO: _____

la frase por la que todo el mundo nos conoce

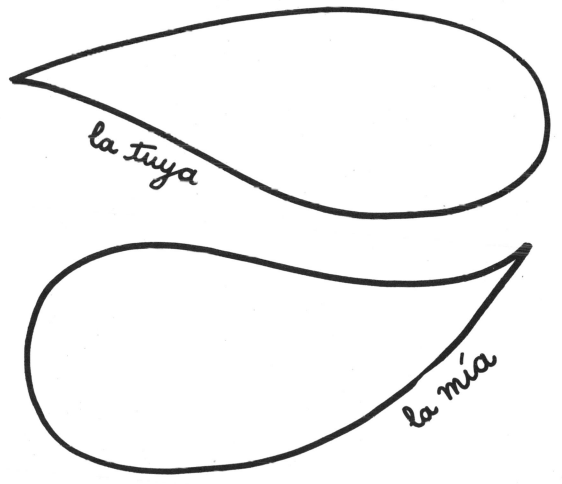

la tuya

la mía

Yo: _____ CUÁNDO: _____

Tú: _____ DÓNDE: _____

Tú&Yo: _____

ese momento del que daríamos cualquier cosa por tener una foto

Yo: _____ CUÁNDO: _____

Tú: _____ DÓNDE: _____

Tú&Yo: _____

cómo celebraremos el próximo aniversario de nuestra amistad

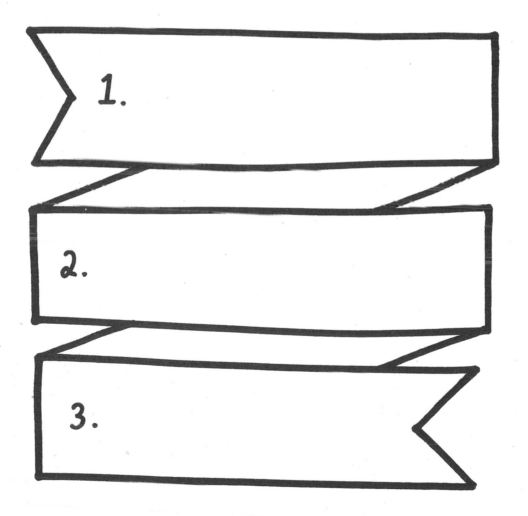

1.

2.

3.

nuestros mensajes de admiración mutua

YO: _____   CUÁNDO: _____

TÚ: _____   DÓNDE: _____

TÚ&YO: _____

Yo: _____ CUÁNDO: _____

Tú: _____ DÓNDE: _____

Tú&Yo: _____

vale, estamos de acuerdo en que no estamos de acuerdo

YO: _____   CUÁNDO: _____

TÚ: _____   DÓNDE: _____

TÚ&YO: _____

el reto que hemos osado aceptar

A VER SI TE ATREVES...

☐ APROBADO   ☐ SUSPENSO   ☐ BUEN INTENTO

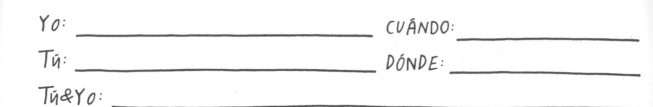

YO: _____ CUÁNDO: _____

TÚ: _____ DÓNDE: _____

Tú&Yo: _____

la vista desde nuestro lugar favorito

Yo: _____ CUÁNDO: _____

Tú: _____ DÓNDE: _____

Tú&Yo: _____

nuevas formas de llamarnos

yo a ti   tú a mí

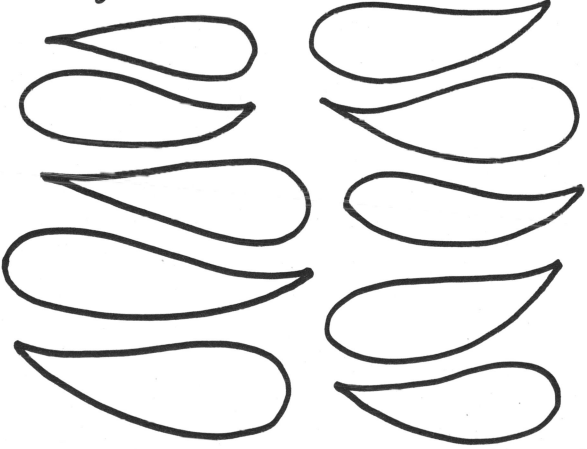

Yo: _____   CUÁNDO: _____

Tú: _____   DÓNDE: _____

Tú&Yo: _____

informe policial

NUESTRO DELITO
ser demasiado geniales
PRUEBAS

1.

2.

3.

Yo: _____   CUÁNDO: _____

Tú: _____   DÓNDE: _____

Tú&Yo: _____

mi predicción para ti

tu predicción para mí

87

Yo: _____ CUÁNDO: _____

Tú: _____ DÓNDE: _____

Tú&Yo: _____

nuestros peores hábitos cuando nos juntamos

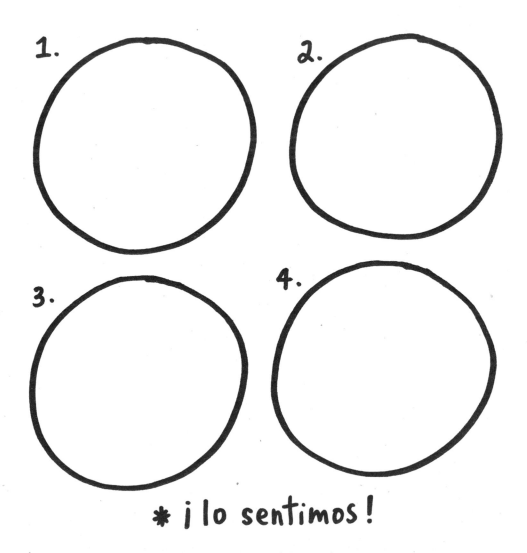

1.

2.

3.

4.

* ¡lo sentimos!

YO: _____ CUÁNDO: _____

TÚ: _____ DÓNDE: _____

TÚ&YO: _____

el recurso de emergencia infalible para alegrarnos el día

ROMPER EL CRISTAL
EN CASO DE EMERGENCIA

YO: _____   CUÁNDO: _____

TÚ: _____   DÓNDE: _____

TÚ&YO: _____

nuestra buena
acción del día

☐ espectacular y heroica   ☐ modesta y enternecedora

YO: _____ CUÁNDO: _____

TÚ: _____ DÓNDE: _____

TÚ&YO: _____

si tuviéramos nuestro propio reality show

EPISODIO 1
MOMENTOS DESTACADOS

- ●
- ●
- ●
- ●

Yo: _____   CUÁNDO: _____

Tú: _____   DÓNDE: _____

Tú&Yo: _____

si Hollywood hiciera una película sobre tú y yo

TÍTULO:

REPARTO:

en el papel de ti

en el papel de mí

Yo: _____   CUÁNDO: _____

Tú: _____   DÓNDE: _____

Tú&Yo: _____

cosas que nos parecen
TRONCHANTES*

1.

2.

3.

* aunque nadie más lo piense.

la tarjeta de felicitación que creamos para la otra persona

☐ en un día especial   ☐ porque sí

YO: _____   CUÁNDO: _____

TÚ: _____   DÓNDE: _____

TÚ&YO: _____

☐ en un día especial   ☐ porque sí

YO: _____ CUÁNDO: _____

TÚ: _____ DÓNDE: _____

TÚ&YO: _____

las locas aventuras que hemos vivido

¡ZONA PELIGROSA!

1.

2.

3.

Yo: _____   CUÁNDO: _____

Tú: _____   DÓNDE: _____

Tú&Yo: _____

una noche de película

selección de picoteo:

Yo: _____   CUÁNDO: _____

Tú: _____   DÓNDE: _____

Tú&Yo: _____

qué nos hace protestar

NUNCA MÁS

QUEREMOS

Yo: _____ CUÁNDO: _____

Tú: _____ DÓNDE: _____

Tú&Yo: _____

nuestro tipo de celebración favorita

estás invitado

QUÉ SE CELEBRA:

DÓNDE:

POR FAVOR, TRAE:

YO: _____   CUÁNDO: _____

TÚ: _____   DÓNDE: _____

TÚ&YO: _____

un retrato nuestro

ELIGE UN TEMA: ☐ Barbas postizas
☐ La familia real   ☐ ¡Piratas!
☐ Otro _____

Yo: _____ CUÁNDO: _____

Tú: _____ DÓNDE: _____

Tú&Yo: _____

los misterios que intentamos resolver

¿CÓMO...

?

¿POR QUÉ...

?

¿QUIÉN...

?

Yo: _____   CUÁNDO: _____

Tú: _____   DÓNDE: _____

Tú&Yo: _____

lo mejor que nos lo podemos pasar en una hora

Yo: _____   CUÁNDO: _____

Tú: _____   DÓNDE: _____

Tú&Yo: _____

si nuestros nombres aparecieran en el diccionario

_____

DEFINICIÓN:

_____

DEFINICIÓN:

YO: _____   CUÁNDO: _____

TÚ: _____   DÓNDE: _____

Tú&Yo: _____

pequeñas muestras de que estamos creciendo

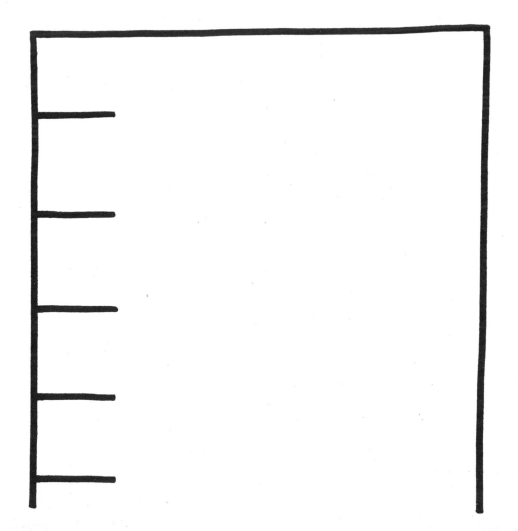

YO: _____ CUÁNDO: _____

TÚ: _____ DÓNDE: _____

TÚ&YO: _____

nuestras últimas palabras sabias

Yo: _____ CUÁNDO: _____

Tú: _____ DÓNDE: _____

Tú&Yo: _____

si pasamos demasiado tiempo juntos

EFECTOS SECUNDARIOS

1.

2.

3.

Yo: _____ CUÁNDO: _____

Tú: _____ DÓNDE: _____

Tú&Yo: _____

nuestro paso estrella en la pista de baile

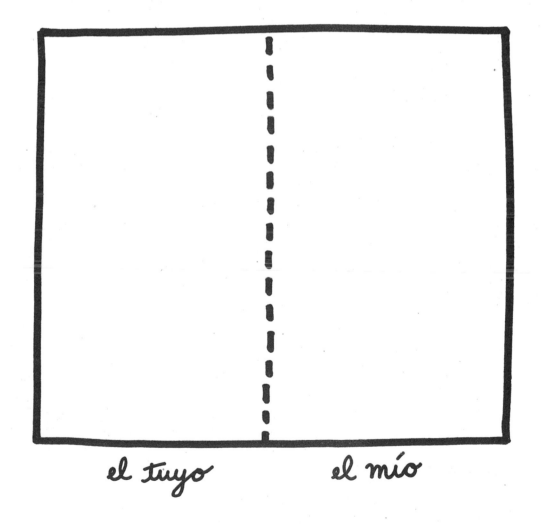

el tuyo   el mío

YO: _____ CUÁNDO: _____

TÚ: _____ DÓNDE: _____

TÚ&YO: _____

detalles de un
primer plano nuestro

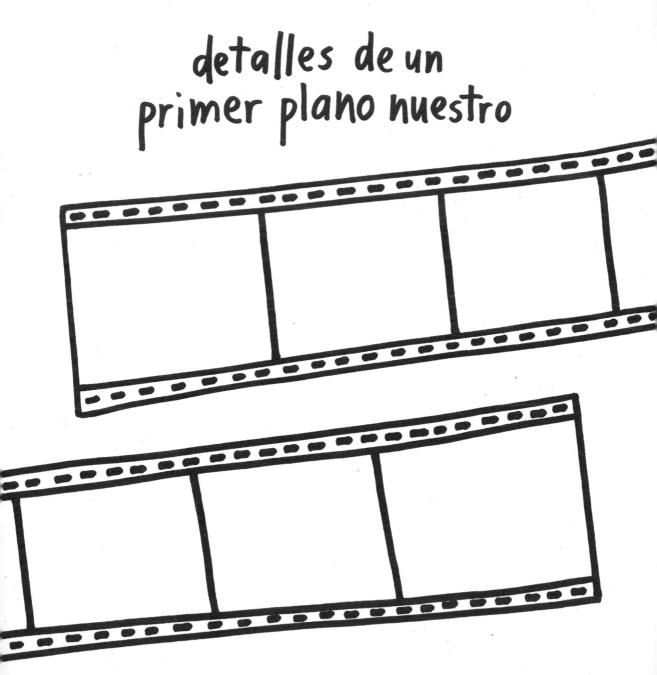

YO: _____   CUÁNDO: _____

TÚ: _____   DÓNDE: _____

TÚ&YO: _____

cómo celebramos
las pequeñas cosas

nuestras actualizaciones de estado

AHORA MISMO

HACE UNA HORA

HACE DOS HORAS

AYER

YO: _____   CUÁNDO: _____

TÚ: _____   DÓNDE: _____

TÚ&YO: _____

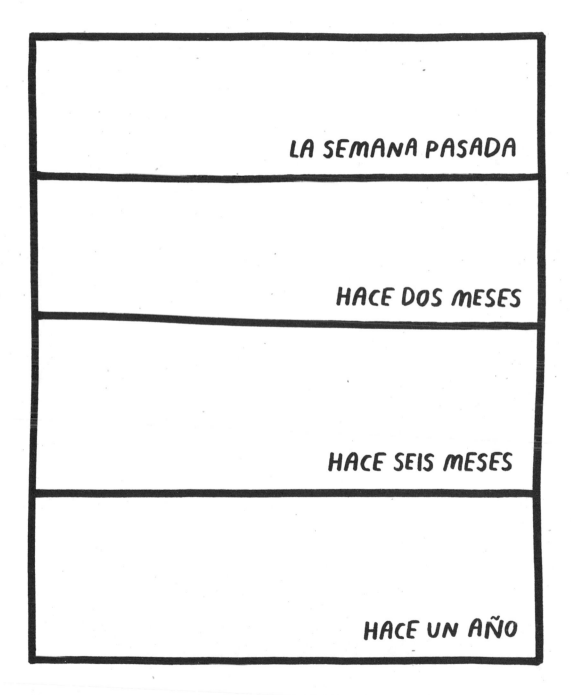

LA SEMANA PASADA

HACE DOS MESES

HACE SEIS MESES

HACE UN AÑO

Yo: _____ CUÁNDO: _____

Tú: _____ DÓNDE: _____

Tú&Yo: _____

nuestros momentos **MÁS DIVERTIDOS**

nuestros MEJORES LOOKS

YO: _____ CUÁNDO: _____

TÚ: _____ DÓNDE: _____

TÚ&YO: _____

cómo nos las arreglamos por separado

1.

2.

3.

te
echo
de
menos

xx

YO: _____   CUÁNDO: _____

TÚ: _____   DÓNDE: _____

TÚ&YO: _____

nuestro último trabajo en equipo

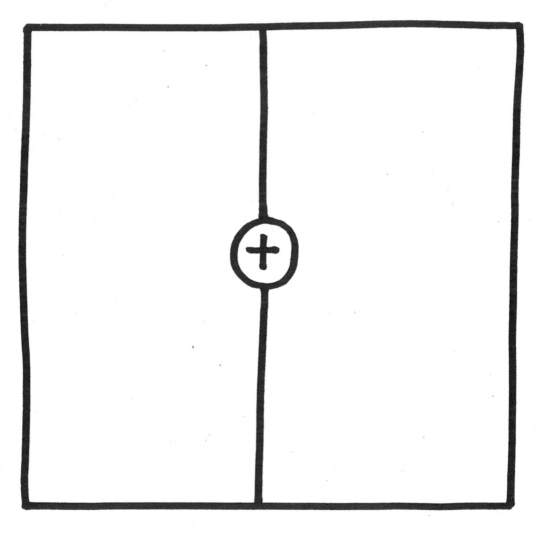

= ¡¡LO CONSEGUIMOS !!

YO: _____   CUÁNDO: _____

TÚ: _____   DÓNDE: _____

TÚ&YO: _____

cosas de internet que nos enviamos

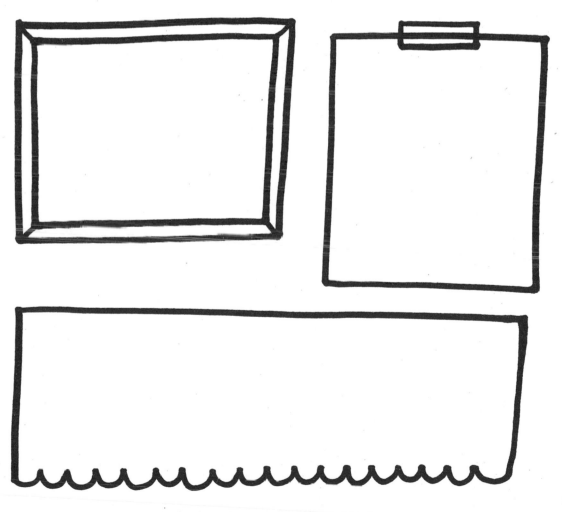

YO: _____ CUÁNDO: _____

TÚ: _____ DÓNDE: _____

TÚ&YO: _____

la última vez que nos dimos un capricho

VIP

PASE PARA DOS

YO: _____   CUÁNDO: _____

TÚ: _____   DÓNDE: _____

Tú&Yo: _____

nuestra receta de cocina particular

☐ tiene buena pinta ☐ se puede comer
☐ está rico   ☐ sin comentarios

pequeñas formas de impresionarnos mutuamente

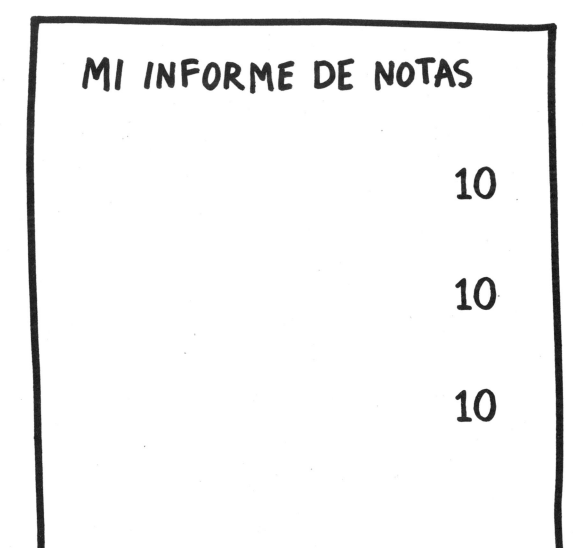

MI INFORME DE NOTAS

10

10

10

YO: _____   CUÁNDO: _____

TÚ: _____   DÓNDE: _____

TÚ&YO: _____

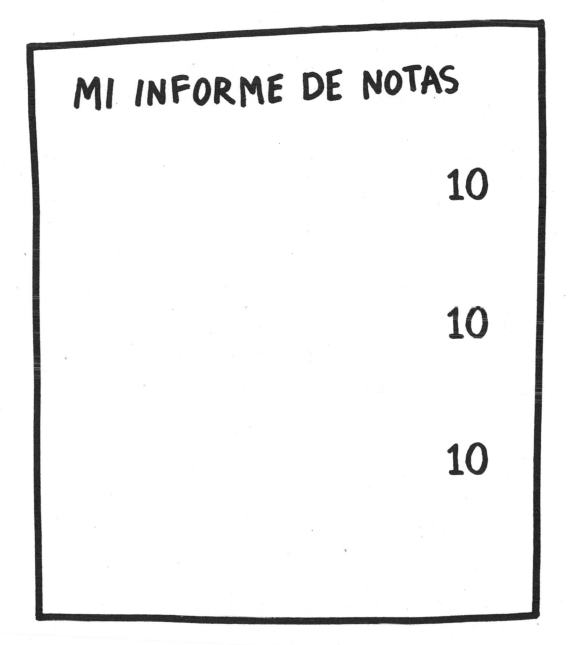

MI INFORME DE NOTAS

10

10

10

Yo: _____   CUÁNDO: _____

Tú: _____   DÓNDE: _____

Tú&Yo: _____

nuestro secreto más jugoso

* escrito en un código que solo
entendemos tú y yo

Yo: _____   CUÁNDO: _____

Tú: _____   DÓNDE: _____

Tú&Yo: _____

el aroma que tendría nuestro perfume

121

Yo: _____ CUÁNDO: _____

Tú: _____ DÓNDE: _____

Tú&Yo: _____

una idea genial que hemos tenido hace poco

©

®REGISTRADO

122

Yo: _____   CUÁNDO: _____

Tú: _____   DÓNDE: _____

Tú&Yo: _____

gente famosa que
querríamos en nuestra pandilla

SEGURÍSIMO	TAL VEZ

YO: _____   CUÁNDO: _____

TÚ: _____   DÓNDE: _____

TÚ&YO: _____

dos verdades y una mentira sobre tú y yo*

* sin ningún orden concreto

Yo: _____ CUÁNDO: _____

Tú: _____ DÓNDE: _____

Tú&Yo: _____

mapa detallado de un paseo que dimos

YO: _____ CUÁNDO: _____

TÚ: _____ DÓNDE: _____

Tú&Yo: _____

una nueva tradición

cada... ☐ mañana ☐ tarde

☐ martes ☐ luna llena ☐ _____

Yo: _____ CUÁNDO: _____

Tú: _____ DÓNDE: _____

Tú&Yo: _____

lo que contaremos cuando seamos mayores y tengamos canas

te acuerdas
de aquella vez que...

Yo: _____ CUÁNDO: _____

Tú: _____ DÓNDE: _____

Tú&Yo: _____

el motivo por el que hicimos estas cosas por última vez:

ABRAZAR A ALGUIEN	
CHOCAR LA MANO	
CHILLAR	
BAILAR DE ALEGRÍA	

YO: _____ CUÁNDO: _____

TÚ: _____ DÓNDE: _____

TÚ&YO: _____

nuestra jerga

*TRADUCCIÓN:

las listas de reproducción que nos dedicamos mutuamente

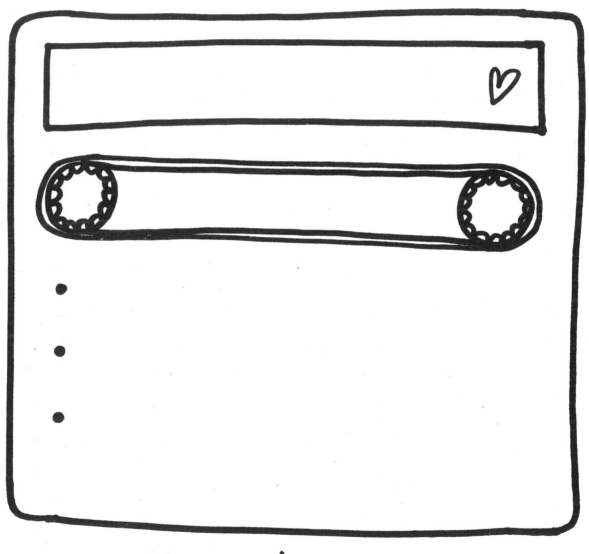

escucha esto cuando:

YO: _____   CUÁNDO: _____

TÚ: _____   DÓNDE: _____

TÚ&YO: _____

escucha esto cuando:

YO: _____ CUÁNDO: _____

TÚ: _____ DÓNDE: _____

TÚ&YO: _____

cosas de las que nunca nos cansamos

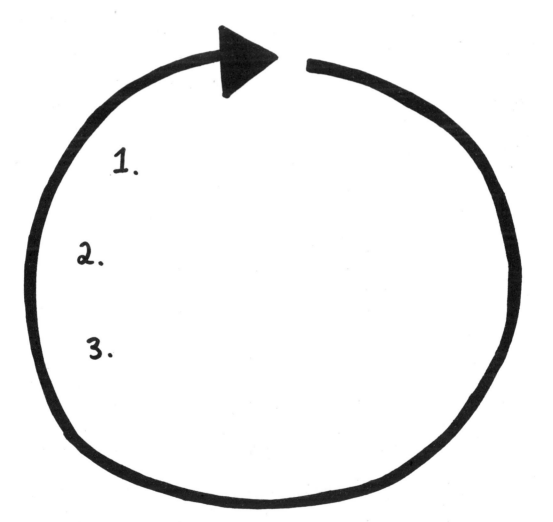

1.

2.

3.

YO: _____ CUÁNDO: _____

TÚ: _____ DÓNDE: _____

TÚ&YO: _____

el libro que podríamos escribir a cuatro manos

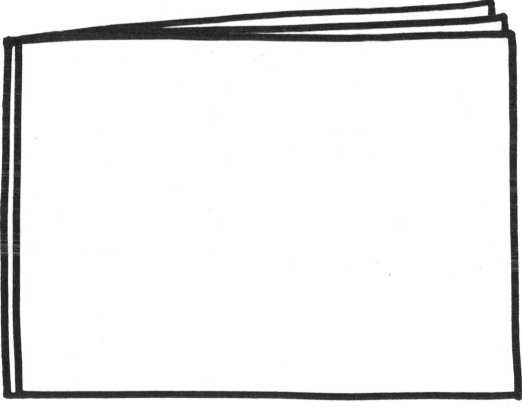

☐ AUTOAYUDA ☐ BRICOLAJE ☐ RECETAS DE COCINA

☐ OTRO _____

YO: _____ CUÁNDO: _____

TÚ: _____ DÓNDE: _____

TÚ&YO: _____

lo que dijimos que un día haremos

YO: _____   CUÁNDO: _____

TÚ: _____   DÓNDE: _____

TÚ&YO: _____

nuestro juego preferido

LAS REGLAS

-
-
-

Yo: _____ CUÁNDO: _____

Tú: _____ DÓNDE: _____

Tú&Yo: _____

decidamos nuestro próximo paso

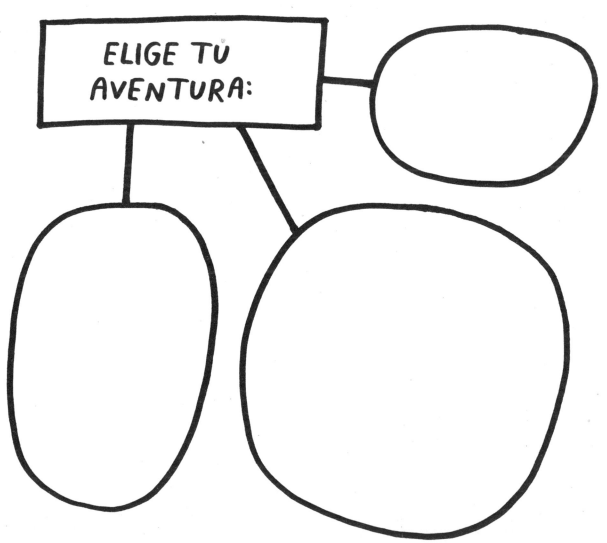

ELIGE TU
AVENTURA:

Yo: _____   CUÁNDO: _____

Tú: _____   DÓNDE: _____

Tú&Yo: _____

estas son algunas de nuestras cosas favoritas

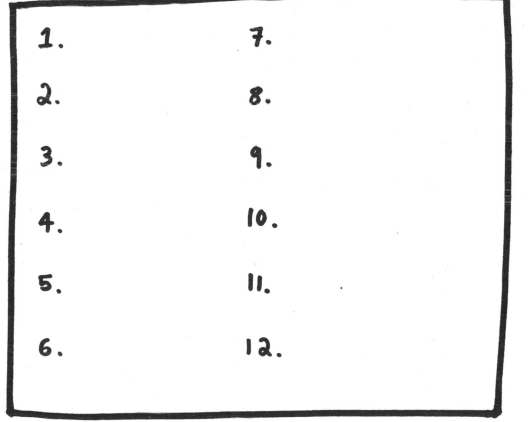

1.   7.

2.   8.

3.   9.

4.   10.

5.   11.

6.   12.

Yo: _____   CUÁNDO: _____

Tú: _____   DÓNDE: _____

Tú&Yo: _____

nuestra reciente transformación

ANTES

DESPUÉS

YO: _____ CUÁNDO: _____

TÚ: _____ DÓNDE: _____

TÚ&YO: _____

los platos más deliciosos que hemos compartido

Yo: _____ CUÁNDO: _____

Tú: _____ DÓNDE: _____

Tú&Yo: _____

la última vez que nos divertimos intentando algo

PREMIO DE PARTICIPACIÓN

Yo: _____ CUÁNDO: _____

Tú: _____ DÓNDE: _____

Tú&Yo: _____

las cosas de las que más nos gusta hablar

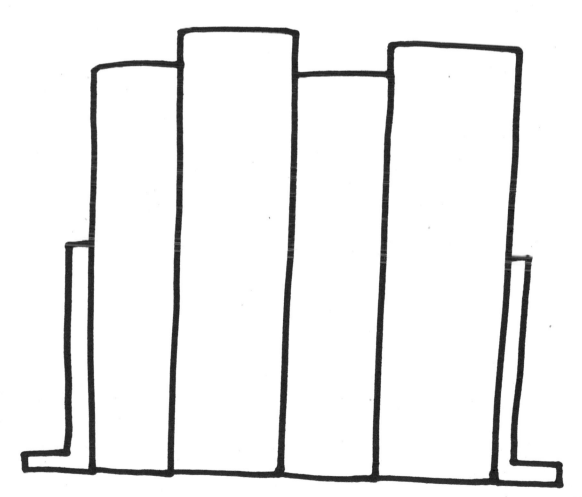

YO: _____ CUÁNDO: _____

TÚ: _____ DÓNDE: _____

TÚ&YO: _____

los asuntos secretos que nos traemos entre manos

Por favor
NO MOLESTAR

YO: _____ CUÁNDO: _____

TÚ: _____ DÓNDE: _____

Tú&Yo: _____

nuestra obsesión actual

YO: _____ CUÁNDO: _____

TÚ: _____ DÓNDE: _____

TÚ&YO: _____

cómo nos preparamos para salir

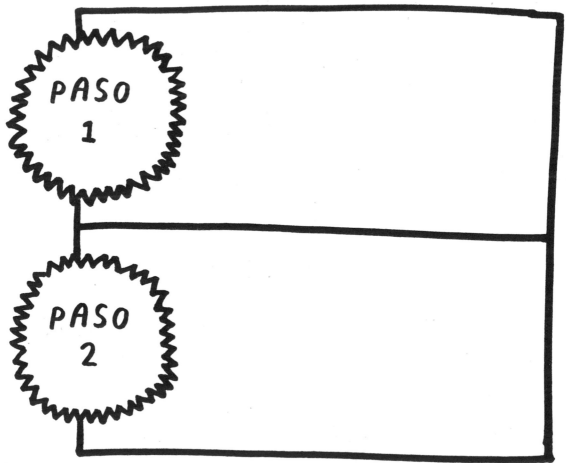

PASO 1

PASO 2

Yo: _____ CUÁNDO: _____

Tú: _____ DÓNDE: _____

Tú&Yo: _____

el nombre de nuestro club secreto

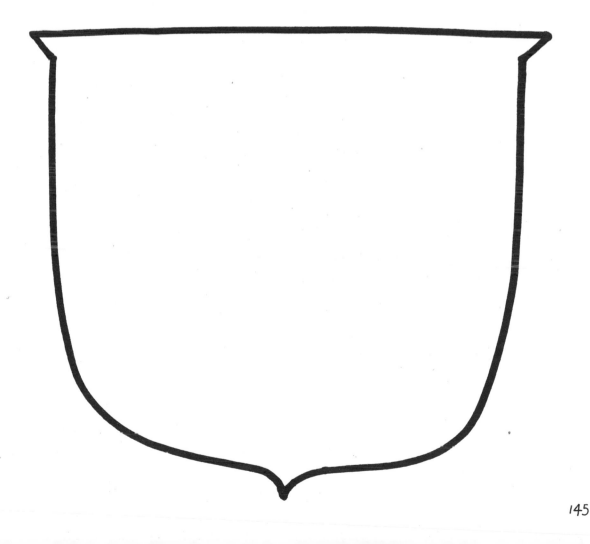

145

Yo: _____ CUÁNDO: _____

Tú: _____ DÓNDE: _____

Tú&Yo: _____

nuestra discusión del momento

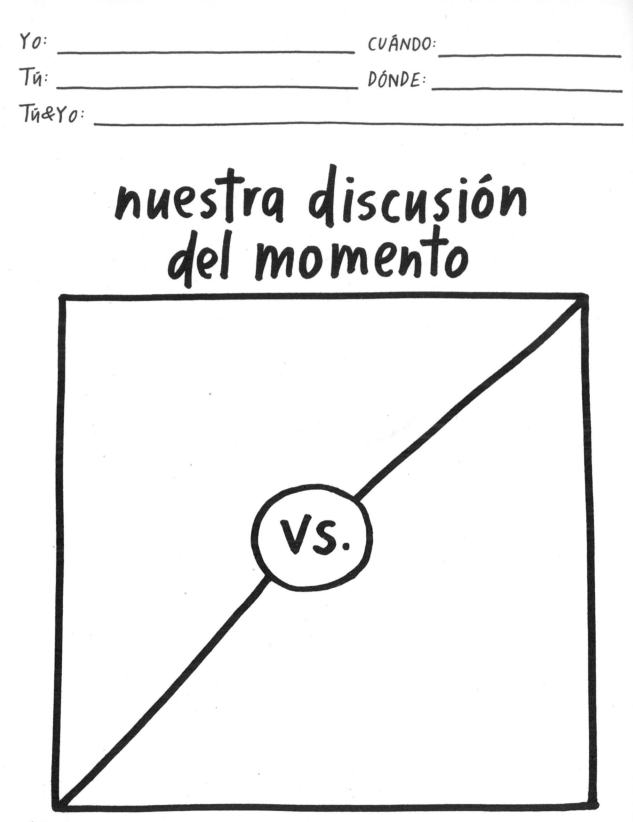

Yo: _____ CUÁNDO: _____

Tú: _____ DÓNDE: _____

Tú&Yo: _____

cómo nos fabricamos
la diversión a medida

qué necesitamos:

instrucciones:

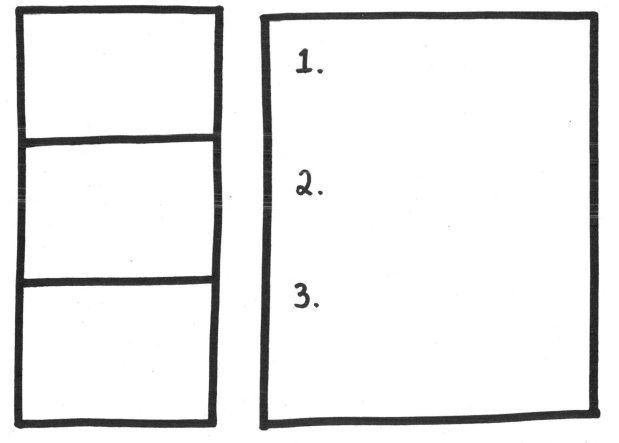

1.

2.

3.

147

YO: _____   CUÁNDO: _____

TÚ: _____   DÓNDE: _____

TÚ&YO: _____

nuestras últimas preguntas
sobre la vida y el amor

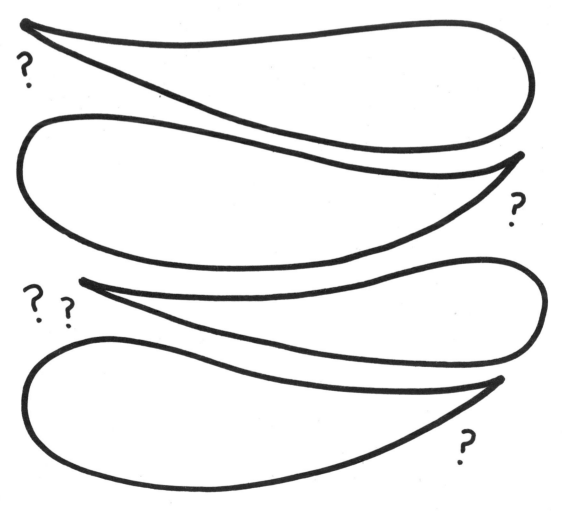

Yo: _____ CUÁNDO: _____

Tú: _____ DÓNDE: _____

Tú&Yo: _____

algo que nos morimos de ganas de que llegue

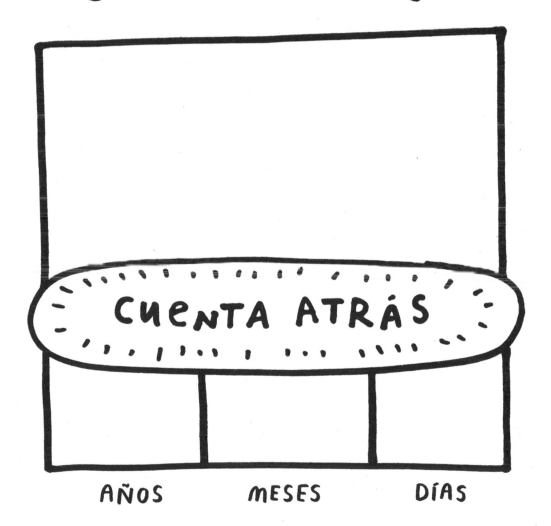

AÑOS · MESES · DÍAS

Yo: _____ CUÁNDO: _____

Tú: _____ DÓNDE: _____

Tú&Yo: _____

las lecciones de la vida que hemos aprendido

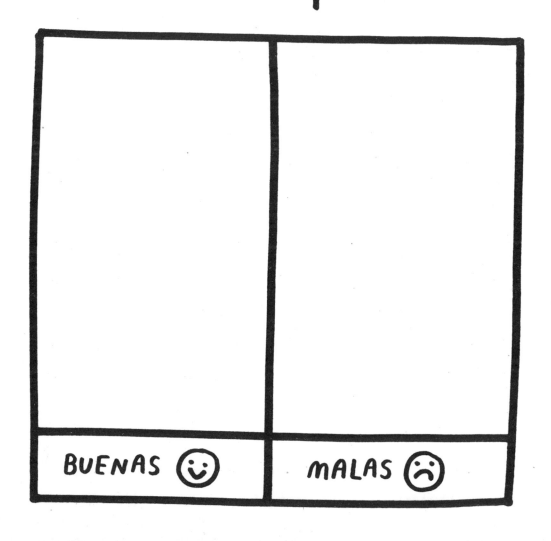

BUENAS 😊	MALAS ☹️

Yo: _____ CUÁNDO: _____

Tú: _____ DÓNDE: _____

Tú&Yo: _____

la última vez que algo
NOS SALIÓ GRATIS

Yo: _____   CUÁNDO: _____

Tú: _____   DÓNDE: _____

Tú&Yo: _____

nuestra receta

ingredientes:

pasos:

1.

2.

3.

Yo: _____ CUÁNDO: _____

Tú: _____ DÓNDE: _____

Tú&Yo: _____

nuestro lema en la vida

Yo: _____ CUÁNDO: _____

Tú: _____ DÓNDE: _____

Tú&Yo: _____

reglas tácitas en las que coincidimos

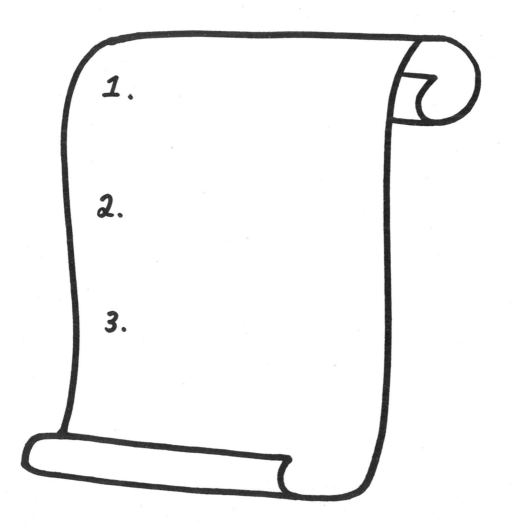

1.

2.

3.

Yo: _____   CUÁNDO: _____

Tú: _____   DÓNDE: _____

Tú&Yo: _____

nuestros superpoderes

EL TUYO   EL MÍO

Yo: _____ CUÁNDO: _____

Tú: _____ DÓNDE: _____

Tú&Yo: _____

nuestros primeros recuerdos de la otra persona

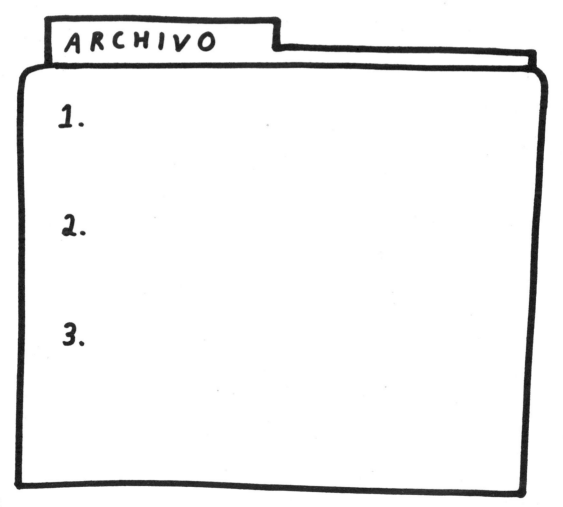

ARCHIVO

1.

2.

3.

Yo: _____   CUÁNDO: _____

Tú: _____   DÓNDE: _____

Tú&Yo: _____

si creáramos nuestro sabor de helado particular

Yo: _____ CUÁNDO: _____

Tú: _____ DÓNDE: _____

Tú&Yo: _____

cosas que nos tomamos prestadas

* Con o sin permiso

Yo: _____ CUÁNDO: _____

Tú: _____ DÓNDE: _____

Tú&Yo: _____

nuestra demostración de que los polos opuestos se atraen

YO: _____ CUÁNDO: _____

TÚ: _____ DÓNDE: _____

TÚ&YO: _____

el evento MÁS MULTITUDINARIO
al que hemos asistido

y el más
minoritario

Yo: _____   CUÁNDO: _____

Tú: _____   DÓNDE: _____

Tú&Yo: _____

algo sobre lo que hemos cambiado de opinión

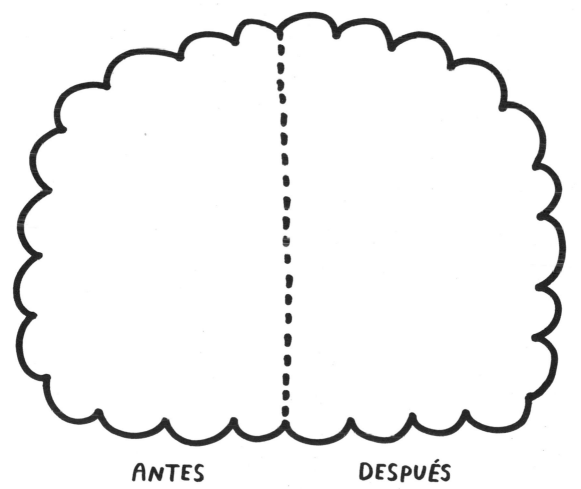

ANTES   DESPUÉS

Yo: _____ CUÁNDO: _____

Tú: _____ DÓNDE: _____

Tú&Yo: _____

pequeños objetos de recuerdo que hemos adquirido

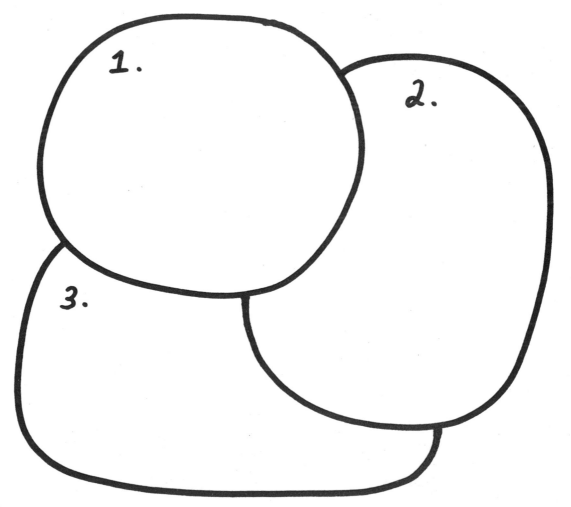

Yo: _____ CUÁNDO: _____

Tú: _____ DÓNDE: _____

Tú&Yo: _____

nuestra forma favorita de procrastinar

COSAS QUE HACER

YO: _____   CUÁNDO: _____

TÚ: _____   DÓNDE: _____

TÚ&YO: _____

cosas que nos gustaría robarnos

YO: _____ CUÁNDO: _____

TÚ: _____ DÓNDE: _____

TÚ&YO: _____

esa pequeña alegría que convertimos en una GRAN celebración

¡¡FELICIDADES!!

Yo: _____ CUÁNDO: _____

Tú: _____ DÓNDE: _____

Tú&Yo: _____

nuestra llave de lucha libre favorita

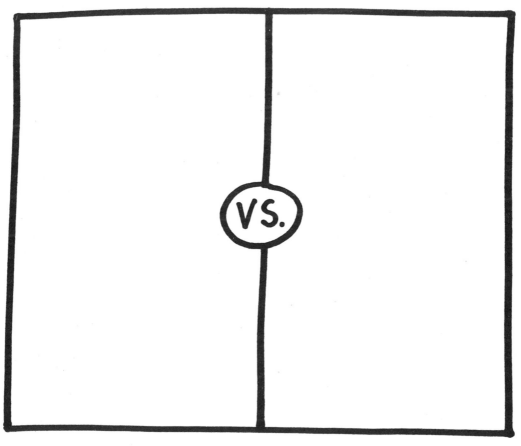

la tuya   la mía

YO: _____ CUÁNDO: _____

TÚ: _____ DÓNDE: _____

TÚ&YO: _____

el momento en que nos hemos sentido más cerca

* ¡ooooh!

167

YO: _____ CUÁNDO: _____

TÚ: _____ DÓNDE: _____

TÚ&YO: _____

nuestro momento menos planeado

nuestro momento
más sofisticado

Yo: _____ CUÁNDO: _____

Tú: _____ DÓNDE: _____

Tú&Yo: _____

nuestras primeras impresiones mutuas

YO: _____ CUÁNDO: _____

TÚ: _____ DÓNDE: _____

Tú&Yo: _____

nuevas actividades que hemos probado recientemente

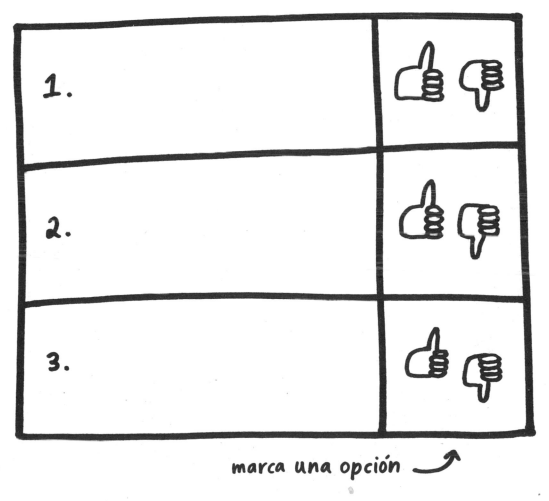

1.

2.

3.

marca una opción

YO: _____   CUÁNDO: _____

TÚ: _____   DÓNDE: _____

TÚ&YO: _____

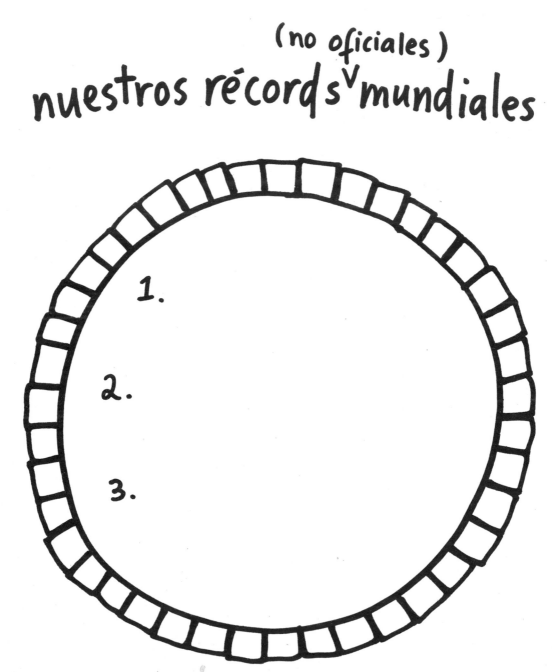

(no oficiales)
nuestros récords mundiales

1.

2.

3.

YO: _____ CUÁNDO: _____

TÚ: _____ DÓNDE: _____

TÚ&YO: _____

pequeñas cosas con las que nos hacemos sonreír

Yo: _____ CUÁNDO: _____

Tú: _____ DÓNDE: _____

Tú&Yo: _____

cosas en las que ahora nos parecemos

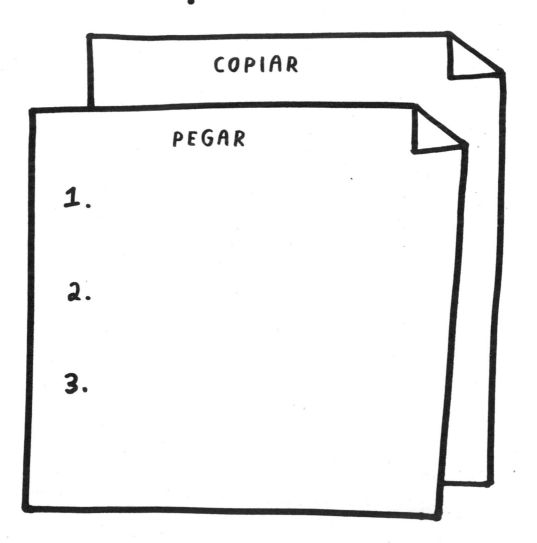

COPIAR

PEGAR

1.

2.

3.

YO: _____   CUÁNDO: _____

TÚ: _____   DÓNDE: _____

TÚ&YO: _____

nuestro lugar feliz

HORARIO DE
APERTURA:

Yo: _____ CUÁNDO: _____

Tú: _____ DÓNDE: _____

Tú&Yo: _____

si este fuera nuestro restaurante...

menú

primer plato:

segundo plato:

postre:

bebida:

Yo: _____   CUÁNDO: _____

Tú: _____   DÓNDE: _____

Tú&Yo: _____

mensajes de nuestra bandeja de entrada

177

momentos destacados que hemos vivido... ¡hasta ahora!

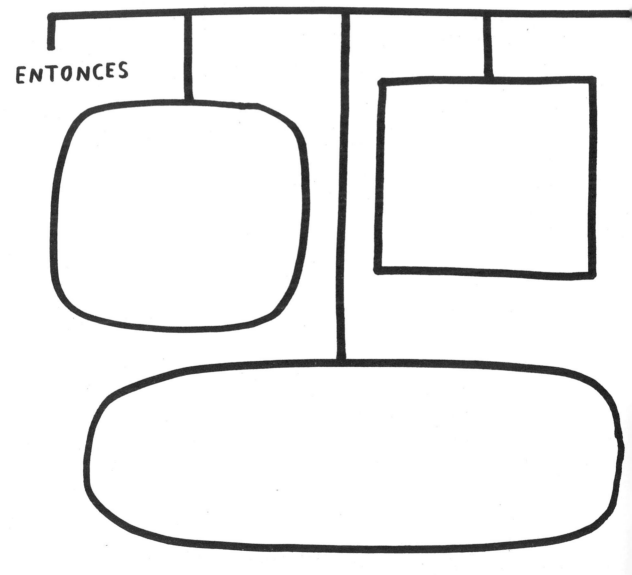

ENTONCES

YO: _____   CUÁNDO: _____

TÚ: _____   DÓNDE: _____

TÚ&YO: _____

AHORA

179

YO: _____ CUÁNDO: _____

TÚ: _____ DÓNDE: _____

TÚ&YO: _____

un pequeño «gracias» que se nos olvidó decirnos

¡gracias!

                                                    XX

¡gracias!

                                                    XX

YO: _____   CUÁNDO: _____

TÚ: _____   DÓNDE: _____

TÚ&YO: _____

la última vez que nos comportamos según nuestra edad

☐ en plan niñato   ☐ en plan abuelo

así sería el final de nuestro cuento de hadas

YO: _____   CUÁNDO: _____

TÚ: _____   DÓNDE: _____

TÚ&YO: _____

... y todos vivimos felices
para siempre. Fin.

SOBRE LA AUTORA

Lisa Currie es también la autora de El kit de la positividad.
Vive en Melbourne, Australia, pero es probable que ahora no esté allí.

Visita su web: lisacurrie.com

¡¡gracias!!

Un gran gracias al equipo de Perigee Books. Sobre todo a mi editora, Meg Leder. Gracias también a mi agente, Sorche Fairbank.

¡Todo mi amor a mi familia y mis amigos! En especial a mi madre, Sue Currie, por su apoyo incondicional y su bondad. ♡

Gracias a Leonie Bourke, por acogerme en su casa mientras creaba este libro.

A cada una de las personas que han participado en mi blog The Scribble Project a lo largo de los años: ¡vuestras bellas obras y vuestras mentes desenfrenadas me deleitarán para siempre! Gracias por hacerlo posible.

OTRO LIBRO DE LISA CURRIE

¡Psst! Lisa Currie tiene otro libro, El kit de la positividad. No es un libro cualquiera. Está diseñado para arrancar sonrisas, invitándote a recopilar todo aquello que te hace sentir mejor. Si sigues las instrucciones, no tardará en convertirse en un mapa que te devolverá, una y otra vez, a tu yo más feliz.